Christine Dugan

Consultores

Timothy Rasinski, Ph.D.
Kent State University

Lori Oczkus
Consultora de alfabetización

Rich Levitt
Contador Público Certificado

Basado en textos extraídos de *TIME For Kids*. *TIME For Kids* y el logotipo *TIME For Kids* son marcas registradas TIME Inc. Utilizados bajo licencia.

Créditos de publicación

Dona Herweck Rice, *Jefa de redacción*
Conni Medina, *Directora editorial*
Lee Aucoin, *Directora creativa*
Jamey Acosta, *Editora principal*
Lexa Hoang, *Diseñadora*
Stephanie Reid, *Editora de fotografía*
Rachelle Cracchiolo, *M.S.Ed.*, *Editora comercial*

Créditos de imágenes: pág. 23, 28 (derecha) Alamy; pág. 10 Associated Press; pág. 46 The Bridgeman Art Library; págs. 8 (izquierda), 53 Corbis; págs. 21, 56, 61 Getty Images; págs. 8 (derecha), 23 (abajo), 31 iStockphoto; pág. 7 Official White House Photo de Pete Souza; pág. 36 LOC [LC-USZ62-123825]; pág. 34 Alison Wright/National Geographic Stock; págs. 35, 40 AFP/Getty Images/Newscom; pág. 11 EPA/Newscom; pág. 9 Kathy Hutchins/ Newscom; pág. 49 Kyodo/Newscom; pág. 13 MCT/Newscom; pág. 41 Newscom; pág. 27 (arriba) PacificCoastNews/Newscom; págs. 30, 37, 47 REUTERS/Newscom; pág. 27 (abajo) Toronto Star/ZUMA Press/Newscom; pág. 12 UPI/Newscom; págs. 11, 47 ZUMA Press/Newscom; págs. 44–45 Timothy J. Bradley; todas las demás imágenes son de Shutterstock.

Teacher Created Materials
5301 Oceanus Drive
Huntington Beach, CA 92649-1030
http://www.tcmpub.com

ISBN 978-1-4333-7143-1

Tabla de contenido

Recompensas enriquecedoras

Es una historia clásica. Una familia pobre enfrenta el hambre y el miedo todos los días. Van vestidos con harapos. Pero con el paso del tiempo, el trabajo duro da sus frutos y se vuelven más ricos de lo que nunca imaginaron. Hay muchos libros y películas que comparten este tema del pasaje de la pobreza a la riqueza. Las historias de éxito como estas son poco comunes. Pero suceden. Con frecuencia, estas historias incluyen años de trabajo duro y decisiones inteligentes. Muchas personas se fijan metas en etapas tempranas y trabajan duro para alcanzarlas. Otras personas nacen en épocas difíciles. Y deben abrirse camino en la vida. Las formas en que las personas obtienen su riqueza pueden variar. Pero una cosa es segura. Pasar de la pobreza a la riqueza siempre es una buena historia.

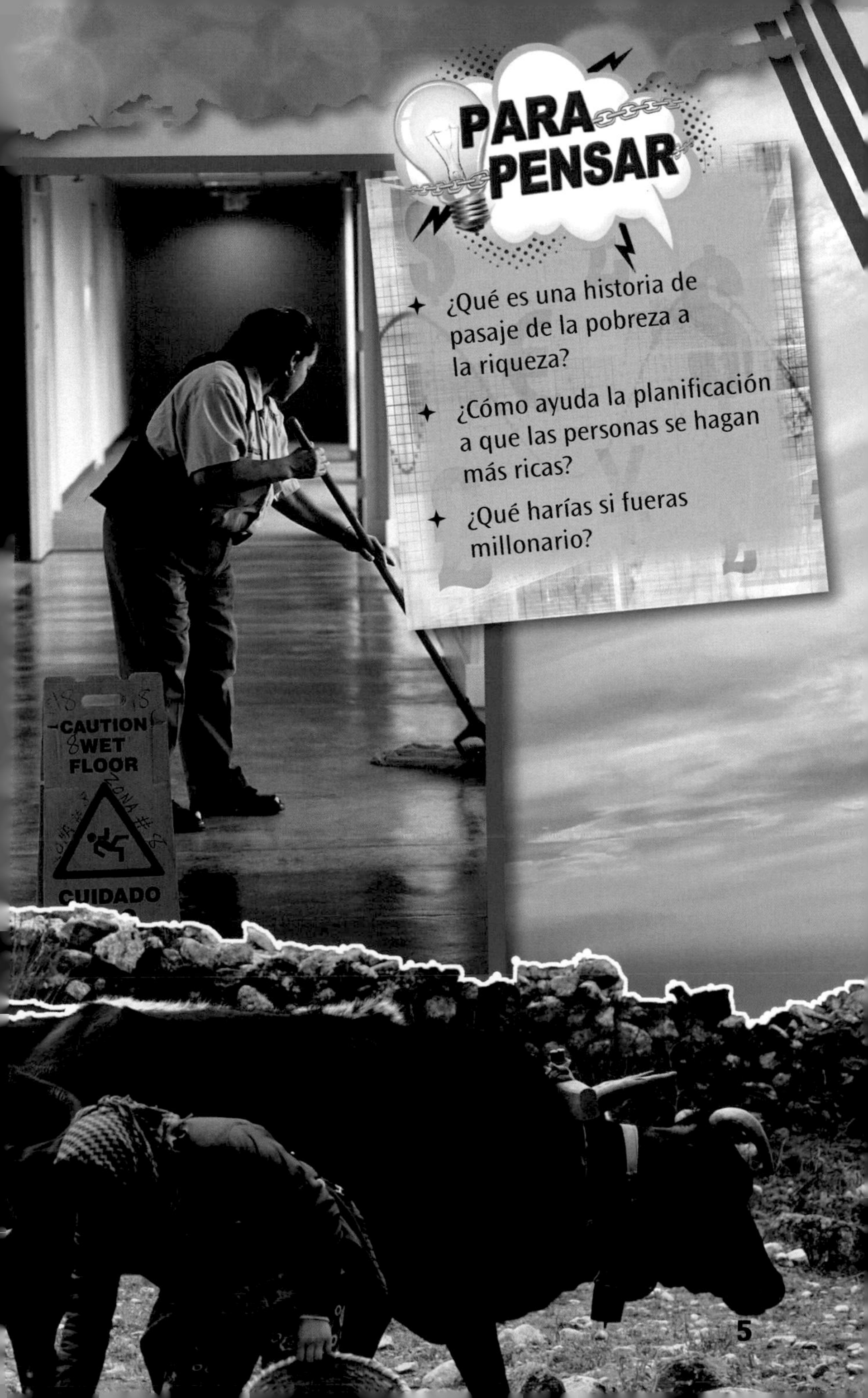

PARA PENSAR

- ¿Qué es una historia de pasaje de la pobreza a la riqueza?
- ¿Cómo ayuda la planificación a que las personas se hagan más ricas?
- ¿Qué harías si fueras millonario?

El sueño estadounidense

Muchas personas consideran que el sueño estadounidense es pasar de la pobreza a la riqueza. Creen que si vives en este país y trabajas duro, pueden sucederte cosas buenas. Incluso puedes ganar mucho dinero. Esta idea se encuentra en el corazón de la Declaración de Independencia de los Estados Unidos. Dice "todos los hombres son creados iguales". Todos tienen derecho a "la vida, la libertad y la búsqueda de la felicidad". Todos los estadounidenses pueden alcanzar el éxito.

Muchos ceros

Entonces, ¿cuán rico es rico? Tal vez conozcas a alguien que tiene $1,000, $10,000 o incluso $100,000. ¿Pero conoces a alguien que tenga $1,000,000? ¿O $ 1,000,000,000?

MIL MILLONES = MIL VECES UN MILLÓN (1,000 x 1,000,000)
UN MILLÓN = MIL VECES MIL (1,000 x 1,000)

Tribulaciones presidenciales

La vida del presidente Barack Obama es un ejemplo de una verdadera historia de pasaje de la pobreza a la riqueza. Fue criado por una madre soltera y vivió una vida muy simple. Era un buen chico que se esforzaba en la escuela. Su trabajo duro dio frutos. Obama pudo asistir a la Facultad de Derecho de Harvard. Antes de ser electo como presidente, se convirtió en senador de los Estados Unidos. Como presidente, gana $400,000 al año. Y cada año dona una parte de su **salario** a organizaciones benéficas.

Tiempos difíciles

Muchas historias de la pobreza a la riqueza comienzan con tristeza. Las personas pasan momentos difíciles. Deben encontrar la manera de vivir con muy poco dinero. Cuando alguien pierde el empleo de repente, el dinero puede volverse muy escaso. Si una ciudad lucha **económicamente**, puede ser difícil encontrar otro empleo de inmediato. Las personas también pueden encontrarse en dificultades cuando tienen problemas de salud. Cuando una persona está muy enferma, en general no puede trabajar. Las facturas del hospital o los médicos pueden ser inesperadas. Y esto puede generarle rápidamente problemas financieros.

Caer en bancarrota

Cuando una persona no puede pagar las cuentas, tal vez deba declararse en **bancarrota**. La bancarrota es un proceso legal mediante el cual una persona obtiene ayuda con sus deudas. Una de las principales razones por la que las personas caen en bancarrota son las facturas médicas. Algunos expertos estiman que más del 60 por ciento de las bancarrotas se debe a gastos vinculados a la salud.

De las ayudas sociales a la riqueza

Las **ayudas sociales** son una forma que tiene el gobierno de ayudar a las personas que no pueden arreglárselas solas. J.K. Rowling, la famosa autora de la serie Harry Potter, recibía ayudas sociales cuando comenzó a escribir sus historias. Hoy en día, ¡es multimillonaria! En 2010, donó $10 millones a la investigación médica. También es presidenta de *Gingerbread*, una organización benéfica dedicada a ayudar a madres y padres solteros.

Hacer un cambio

Los padres siempre desean que sus hijos tengan una vida mejor que la que tuvieron ellos. Los padres que luchan para salir adelante no desean que sus hijos tengan una vida de **pobreza**. Desean que salgan del ciclo de pobreza.

Algunas de las historias más famosas de pasaje de la pobreza a la riqueza tratan sobre niños que vieron a sus padres luchar para salir adelante. Crecieron deseando más. Se prometieron a sí mismos no enfrentar los mismos desafíos que sus padres. Estos jóvenes con frecuencia encontraron maneras de obtener más ingresos. Trabajaron duro para disfrutar una vida más fácil que la de sus padres.

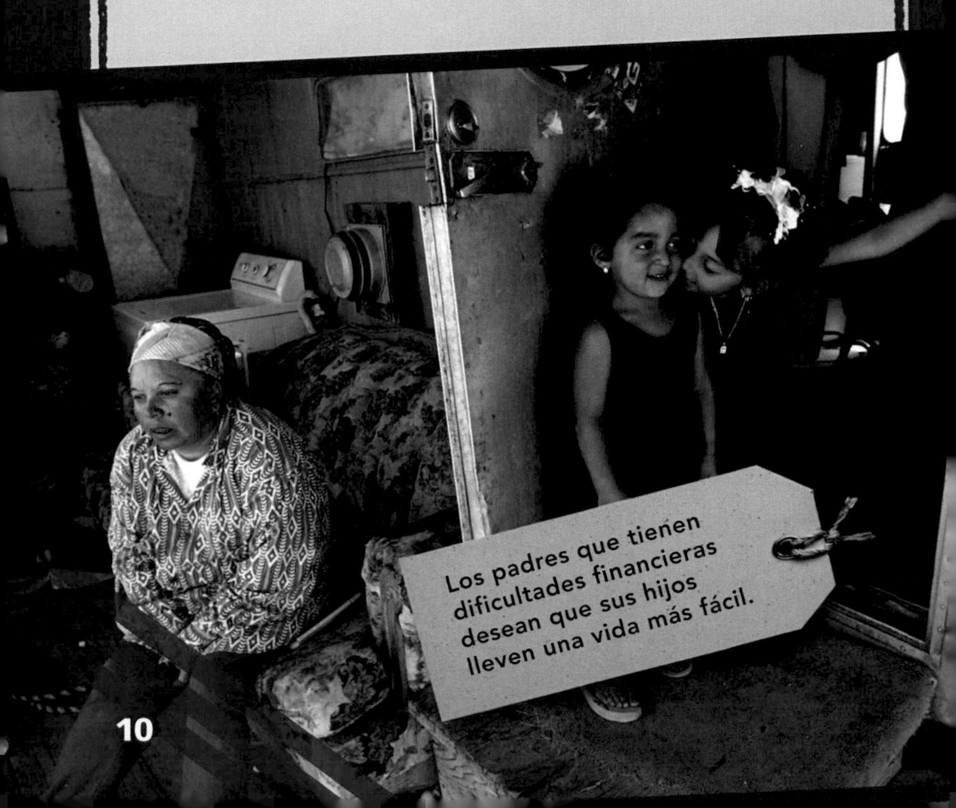

Los padres que tienen dificultades financieras desean que sus hijos lleven una vida más fácil.

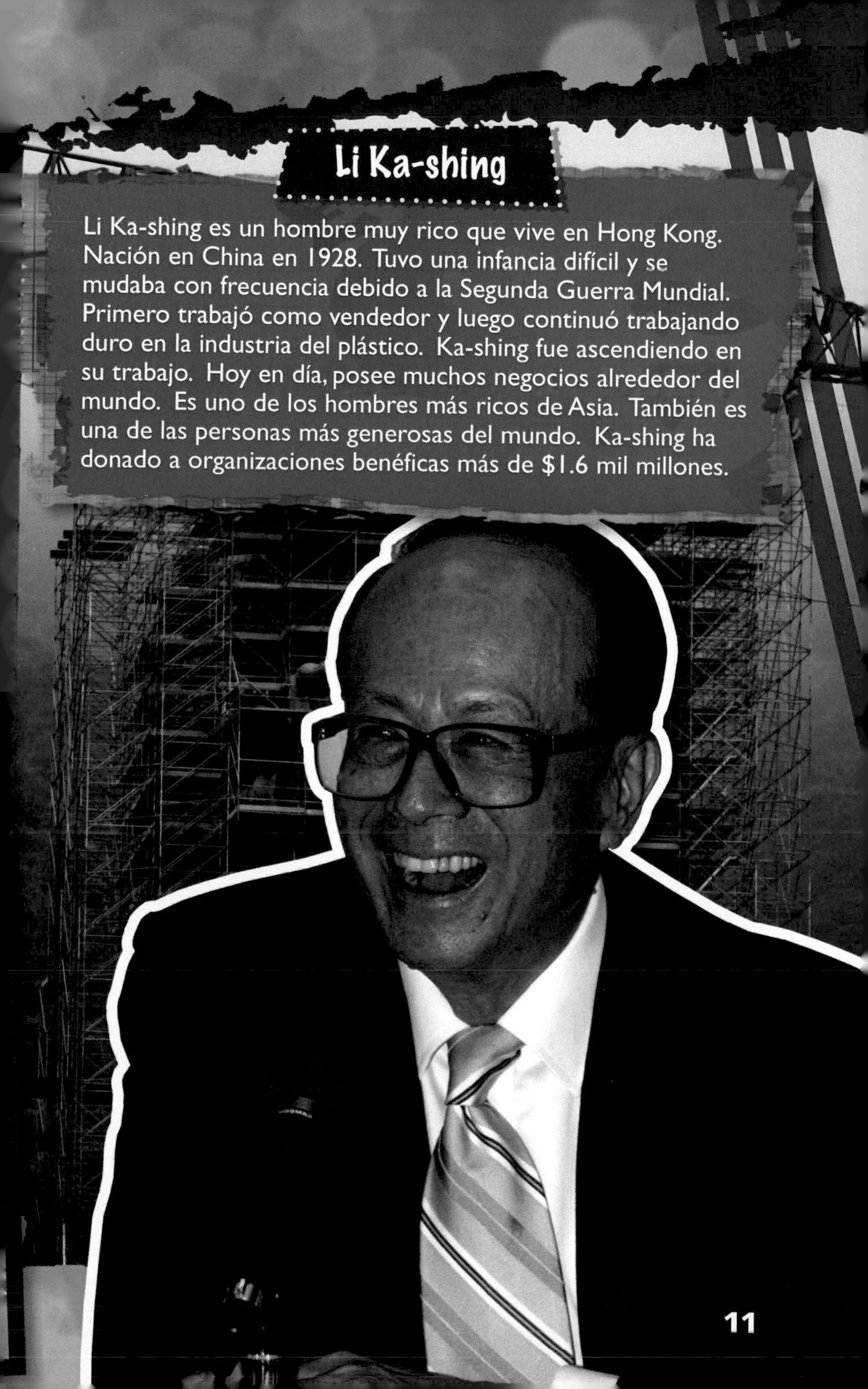

Li Ka-shing

Li Ka-shing es un hombre muy rico que vive en Hong Kong. Nación en China en 1928. Tuvo una infancia difícil y se mudaba con frecuencia debido a la Segunda Guerra Mundial. Primero trabajó como vendedor y luego continuó trabajando duro en la industria del plástico. Ka-shing fue ascendiendo en su trabajo. Hoy en día, posee muchos negocios alrededor del mundo. Es uno de los hombres más ricos de Asia. También es una de las personas más generosas del mundo. Ka-shing ha donado a organizaciones benéficas más de $1.6 mil millones.

Hacerse rico con rapidez

Una persona rara vez se vuelve millonaria de la noche a la mañana. Una fantasía popular es que ganar la **lotería** cambiará tu vida. Es por ello que muchas personas compran boletos de lotería. Sin embargo, la posibilidad de ganar es realmente muy baja. ¿Cuáles son las **probabilidades** de ganar la lotería? Se estima que son de alrededor de 180 millones a 1. ¡No son buenas probabilidades para las personas que esperan hacerse ricas!

Probabilidades muy bajas

¿Qué significan realmente las probabilidades de ganar la lotería? Las probabilidades son más bajas cuando juegan más personas. Es raro ser la persona con el boleto ganador. Si las probabilidades son 180 millones a 1, esto significa que solo 1 boleto en 180 millones ganará.

Consejos sobre la lotería

Cuando una persona gana la lotería y se vuelve millonaria de la noche a la mañana, vence unas probabilidades asombrosas. ¿Y si gana la lotería siete veces? Richard Lustig lo hizo. ¡Juega mucho a la lotería! ¿Su consejo para otros ganadores? “No gastes más de lo que puedes permitirte”.

¡MÁS EN PROFUNDIDAD!

Venciendo las probabilidades

La **probabilidad** es la chance o posibilidad de que algo ocurra. Los expertos recolectan datos sobre las probabilidades, o la frecuencia, de ciertos hechos. Observa las estadísticas que figuran abajo para ver cuáles son tus probabilidades de ganar la lotería.

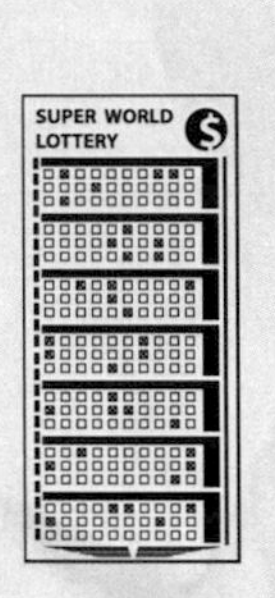

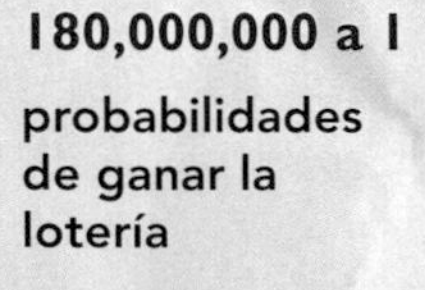

180,000,000 a 1
probabilidades de ganar la lotería

13,200,000 a 1
probabilidades de ser astronauta

576,000 a 1
probabilidades de que te caiga un rayo encima

22,000 a 1
probabilidades de convertirte en un atleta profesional

Muchas loterías

Las loterías estatales son comunes en muchos países del mundo. Los ganadores de estas loterías solo reciben parte del dinero de la venta de boletos. La otra parte se la queda el estado y se usa para operar la lotería. Los gobiernos usan el dinero para la educación, el control del crimen u otros servicios. Las ganancias de la lotería ayudaron a pagar la construcción de la Casa de la Ópera de Sídney, en Australia.

11,500 a 1

probabilidades de ganar un premio de la Academia

10,000 a 1

probabilidades de encontrar un trébol de cuatro hojas en el primer intento

563 a 1

probabilidades de atrapar una pelota en un juego de la liga mayor

500 a 1

probabilidades de nacer con 11 dedos en las manos o los pies

El poder de la planificación

En general, ganar mucho dinero lleva muchos años de trabajo duro. Es necesaria la planificación a largo plazo. Una persona debe poder visualizar su futuro e imaginar una vida mejor. Para pasar de la pobreza a la riqueza, debes utilizar tu dinero con inteligencia e ir siempre un paso adelante. Esto implica armar un **presupuesto** y ceñirte a él. También implicar tomar decisiones inteligentes para ayudar a que tu dinero crezca.

Cuestiones de dinero

Algunas personas no pueden controlar el impulso de gastar dinero. Desean algo y lo compran sin preguntarse si se trata de una compra inteligente. Algunos expertos en dinero sugieren "consultarlo con la almohada". Espera un día a ver si todavía lo deseas o lo necesitas.

Asesor financiero

Algunos adultos necesitan ayuda para poner en orden sus finanzas. Pueden contratar a un **asesor financiero** para que los guíe en este proceso. Un asesor financiero le muestra a las personas cómo alcanzar sus objetivos financieros al gastar e **invertir** con inteligencia.

Los tiempos de las vacas flacas

Las personas ahorran por muchos motivos. Muchas personas han oído la expresión "ahorrar para los tiempos de las vacas flacas". ¿Pero qué son exactamente los tiempos de las vacas flacas? Esta expresión se refiere a ahorrar para algún momento en el futuro en el que se tiene poco dinero y surgen **gastos** inesperados. Las personas ahorran dinero poco a poco por si algún día lo necesitan.

A veces necesitas gastar el dinero. Las personas utilizan sus ahorros para comprar un auto nuevo cuando el viejo se rompe. O pueden ahorrar para comprar una casa o usar sus ahorros para ayudar con gastos inesperados, como una internación hospitalaria.

Edad de retiro

Muchas personas ahorran dinero todos los meses y lo colocan en un **plan de pensiones**. Las personas usan este dinero cuando dejan de trabajar y ya no reciben su salario regular. Muchas personas se retiran al cumplir los 60 años. Planificar con anticipación permite retirarse antes con más facilidad.

Cada centavo cuenta

Al ahorrar, es importante recordar que incluso una pequeña cantidad suma. Por ejemplo, si ahorras un dólar por semana, en un año tendrás $52. ¿Cuánto dinero tendrás en 5 años?

Ahorrar en un banco

Las personas también se fijan **objetivos financieros** para que su futuro sea más cómodo. Es por ello que es tan importante ahorrar e invertir. Estas estrategias son maneras inteligentes de hacer que tu dinero crezca.

Un banco es un buen lugar donde guardar dinero. Allí, tu dinero está seguro frente a robos u otros problemas. Los bancos ayudan a transferir tu dinero con facilidad a otras empresas o bancos. Y en general ofrecen apoyo para el ahorro y la inversión.

Antes de los bancos

¿Cómo ahorraban dinero las personas en la antigüedad, antes de que existieran los bancos? Los egipcios guardaban el oro en los templos. Estos fueron las primeras cajas fuertes del mundo.

Templo de Horus

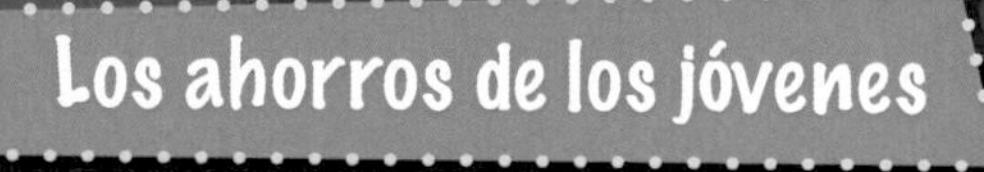

Los ahorros de los jóvenes

Los adultos no son los únicos que pueden ahorrar. Los niños también pueden hacerlo. Pueden decidir usar sus ahorros para muchas cosas diferentes. Tal vez deseen ir a un evento especial o comprar algún artículo electrónico caro. A veces, está bueno tener dinero para ir a comprar ropa u otros artículos.

Interés compuesto

Una razón por la que los bancos son buen lugar para ahorrar dinero es porque pagan interés. El **interés** es la cantidad que un banco paga por cada dólar allí guardado. La tasa de interés puede cambiar de un mes a otro.

Cuando se deja dinero en una cuenta para que crezca, gana un **interés compuesto**. Esto significa que puedes recibir intereses sobre los intereses que ya obtuviste.

Interés compuesto en números

Imagina que tienes $1,000 en una cuenta de ahorro.

El banco paga un 3 por ciento de interés anual.

Esto significa que el banco te pagará $30 al final del año.

Tu cuenta tendrá entonces $1,030. Al final del siguiente año, ganarás un 3 por ciento sobre $1,030.

Aumenta tus fondos

Imagina que tienes $1,000 para colocar en una cuenta de ahorro. El banco paga un 4 por ciento de interés el primer año. ¿Cuánto ganarás de interés? ¿Ganarás más interés el segundo año? ¿Por qué?

¡MÁS EN PROFUNDIDAD!

Olas de riqueza

El interés compuesto permite que la cantidad de dinero que tienes en el banco crezca con gran rapidez. Con el interés compuesto, ¡tu dinero gana intereses y tus intereses también ganan intereses!

Este cuadro muestra cuánto ganarías si comenzaras con $100 en el banco. ¡No necesitas hacer nada más excepto ver cómo crece tu dinero!

Saldo de la cuenta bancaria

Interés compuesto del 4% anual

1 AÑO = $104.00

5 AÑOS = $121.67

10 AÑOS = $148.02

30 AÑOS = $324.34

Ahora imagina con cuánta rapidez crecería tu dinero si agregaras a la cuenta pequeñas sumas cada mes. Este cuadro muestra cuánto ganarías si comenzaras el año con $100 en el banco y luego agregaras $120 cada año.

Saldo de la cuenta bancaria

Interés del 4%, al agregar $10 por mes

1 AÑO = $226.71

5 AÑOS = $787.30

10 AÑOS = $1,626.49

30 AÑOS = $7,294.98

¿Qué crees que sucedería si la tasa de interés subiera al 5 por ciento?

Gastar con inteligencia

Es importante cuidar el dinero que tienes, por lo que debes ahorrarlo en algún lugar seguro o invertirlo para que crezca. ¿Pero para qué te sirve tener dinero si lo único que haces es ahorrarlo e invertirlo? A veces necesitas gastar el dinero, ¿verdad? Ese es el momento de tomar las decisiones correctas. Tómate el tiempo para pensar si tu compra mantendrá su valor. No olvides también tener en cuenta los costos futuros relacionados con tu compra. Presta atención al lugar donde compras. Una tienda podría vender exactamente el mismo artículo por mucho menos dinero que otra tienda.

Tienda A
Bolsa de fruta
$1.29

Tienda B
Bolsa de fruta
$1.89

Tomar decisiones inteligentes hoy puede hacer que el dinero que gastas rinda frutos en el futuro.

Comienzos humildes

Oprah Winfrey viene de una familia muy pobre. Creció en una pequeña ciudad de Misisipí. Su familia luchaba para cuidarla y cuando era pequeña se mudaba con frecuencia. Oprah siempre deseo tener más. Se puso una meta y trabajó duro como **periodista**. Hoy en día, Oprah es un nombre conocido por todos y una persona de gran influencia. Vale más de dos mil millones de dólares y utiliza su dinero para ayudar a muchas organizaciones benéficas.

Mantenerse rico

La historia del pasaje de la pobreza a la riqueza tiene un final feliz. La persona encuentra la riqueza y logra mantenerse rica. ¿Pero cuáles son los secretos para mantenerse rico? ¿Cómo toman las personas buenas decisiones para mantener su dinero en los años venideros?

Invertir es un sistema que implica dar dinero a un banco o una empresa con la esperanza de que en el futuro valga más. O puedes comprar algo hoy, como una casa, que piensas que en el futuro podrás vender por más dinero del que pagaste. Siempre hay cierto riesgo. Los inversores inteligentes ponen en una balanza los riesgos y las oportunidades. Desean obtener la mayor recompensa corriendo el menor riesgo.

Ganar dinero

Las inversiones ganan dinero de varias maneras.

- Algunas inversiones dan intereses.
- Se puede invertir al comprar algo a un precio bajo y venderlo a un precio más alto.
- Hay inversiones que permiten a una persona poseer parte de una empresa. Cuando la empresa gana dinero, también lo gana el inversor.

Una casa puede ser una buena inversión si se puede vender a un precio más alto que el original.

Retorno de la inversión

La cantidad de dinero que una persona obtiene al invertir su dinero se llama **retorno de la inversión (*ROI*)**. Un retorno más alto significa que se ganó más dinero a partir de una inversión.

COSTOS

Lo que damos o invertimos

BENEFICIOS

Lo que obtenemos a cambio

retorno de la inversión

ROI

Inversiones inteligentes

A la hora de invertir hay que pensar en varias cosas. La primera es el tiempo. Algunas inversiones aumentan de valor en pocos meses. Otras llevan 20 años o más en volverse **rentables**. Todas las inversiones aumentan a diferentes tasas. Los inversores también piensan en el **capital**. Este es el dinero que una persona debe colocar en una inversión. Invertir capital en los lugares correctos puede arrojar grandes ganancias en el largo plazo.

Operadores trabajando en el mercado de valores donde se realizan inversiones día a día.

Tipos de inversiones

Estas son las formas más comunes de invertir dinero.

Bonos

Un **bono** es dinero que se presta a una empresa. La empresa que recibe el bono promete pagar el dinero prestado, así como intereses. En general, los bonos se pagan en un plazo de 10 a 30 años.

Materias primas

Algunos inversores desean colocar su dinero en artículos que creen aumentarán de valor con el paso del tiempo, como las **materias primas.** Las materias primas incluyen oro, petróleo, carne y soja.

Acciones

Las **acciones** son partes de una empresa. Cuando las personas compran acciones de una empresa se convierten en **accionistas.** Los accionistas poseen una parte de la empresa. El valor de una acción cambia regularmente. Se compran y venden en el **mercado de valores.**

Fondos mutuos

Cuando muchos inversores combinan su dinero para realizar diferentes inversiones, se convierten en **fondos mutuos.** Acostumbran comprar acciones y bonos.

Los inversores pueden ver cómo van sus inversiones en el correr del día a través de su teléfonos inteligentes.

Las tasas pueden variar

Los compradores inteligentes averiguan si los artículos están de oferta para obtener el mejor precio. También es una buena idea ver qué opciones hay para invertir. Las tasas de interés varían dependiendo del tipo de cuenta y del banco. Observa la lista de tipos de cuentas y sus tasas de interés. Cuando ahorras dinero, deseas asegurarte de colocarlo en el tipo de cuenta que se adapte mejor a tus necesidades. Para ello, debes tener claro durante cuánto tiempo deseas ahorrar tu dinero y cuánto riesgo estás dispuesto a asumir.

Certificado de depósito (CD)

4%

es una cuenta especial con una tasa de interés más alta que las cuentas de ahorro; pero este dinero no se puede retirar durante un plazo establecido

Cuenta del mercado monetario

3%

una cuenta de ahorro que puede requerir un saldo mínimo más alto y de la cual solo se puede retirar dinero unas pocas veces al mes

- Si colocas $100 dólares en cada cuenta, ¿cuánto tendrías en cada una en 5 años?
- ¿Cuánto tendrías en 10 años?
- ¿Por qué alguien abriría una cuenta de ahorro, que tiene una tasa de interés más baja?

Cuenta de ahorro 2%

un lugar seguro donde guardar tu dinero en el banco y ganar intereses, con la posibilidad de depositar y retirar dinero de manera regular

Se buscan millonarios

La mayoría de las personas ricas no son famosas. Tienen negocios o trabajan duro en actividades redituables. Algunas pueden tener suerte. Otras pueden haber trabajado muy duro para alcanzar el éxito. Nunca antes hubo tantas personas ricas como ahora. También tienen una cantidad de riqueza récord. Algunas estimaciones indican que hay casi 10 millones de millonarios en el planeta.

La otra cara de la riqueza

Se espera que la cantidad de millonarios aumente en el futuro. La otra cara de la moneda es la cantidad de personas que viven en la pobreza, con recursos escasos y poco dinero. Se estima que en los Estados Unidos más de 16 millones niños viven en un nivel considerado de pobreza. Esto representa el 22 por ciento de todos los niños de los Estados Unidos. Se estima que el 22 por ciento de las personas del mundo viven en un nivel considerado de pobreza.

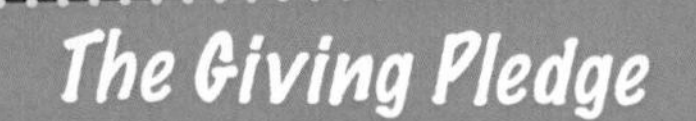

En 2010, Warren Buffet invitó a varios multimillonarios de los Estados Unidos a participar en *The Giving Pledge* (La promesa de dar). Las personas que hacen esta promesa se comprometen a dar más de la mitad de su riqueza a organizaciones benéficas, en vida o al morir. Hoy en día, más de 80 familias han hecho esta promesa.

El presidente Obama entrega a Warren Buffet la Medalla Presidencial de la Libertad por su servicio.

Millonarios modernos

Para hacerse rico es necesario tener habilidades diferentes de las que se necesitaban antes. John D. Rockefeller fue el primer estadounidense en valer aproximadamente mil millones de dólares. A fines del siglo XIX fundó una compañía petrolera llamada Standard Oil Company.

Los dirigentes de las compañías petroleras todavía ganan millones de dólares. Pero las nuevas tecnologías han cambiado las formas en que las personas obtienen riqueza. Hoy en día, Bill Gates es uno de los hombres más ricos del mundo. Obtuvo su dinero en la industria informática. Gates es el fundador de Microsoft y un **filántropo** para muchas causas.

El poder de la filantropía

John D. Rockefeller siempre dio parte de sus ingresos a otros. A medida que se hacía más rico, daba más dinero. Hoy en día, gran parte de su legado es su filantropía. Su dinero da sustento a causas vinculadas a la educación y la salud pública.

Bill y Melinda Gates desean donar todo su dinero antes de morir. Dedican gran parte de su trabajo a mejorar la salud y la educación de las personas de todo el mundo.

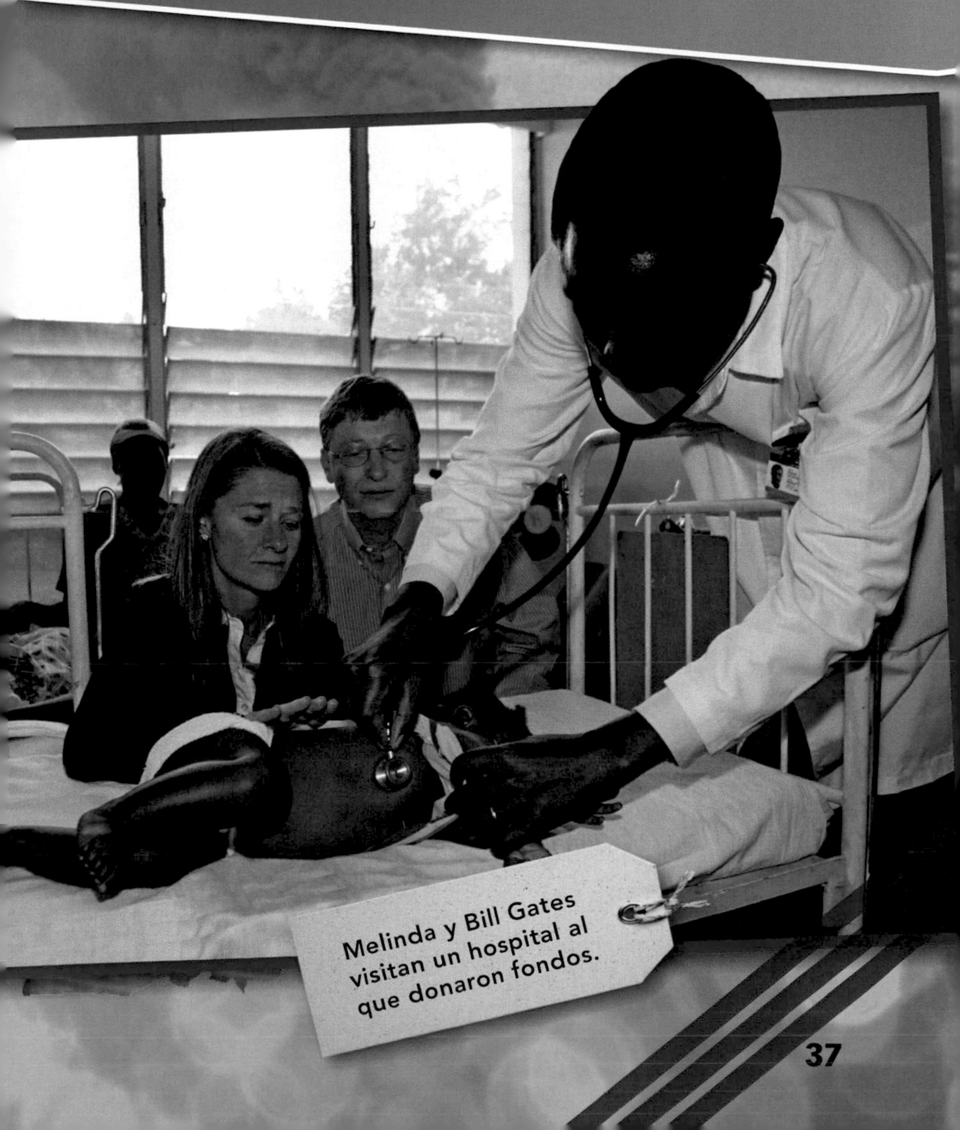

Melinda y Bill Gates visitan un hospital al que donaron fondos.

¡MÁS EN PROFUNDIDAD!

La riqueza en el mundo

La definición de riqueza no es la misma en todos lados. En algunos países el dinero rinde más. En un mes, un trabajador de un país rico puede ganar más dinero que el que gana en todo el año un trabador de un país pobre. Alguien que gana $2,000 por mes tal vez puede pagar una linda casa en una ciudad pequeña. Pero en una ciudad cara como Nueva York, $2,000 pueden no alcanzar para cubrir los costos de un apartamento pequeño. Observa algunas de las ciudades donde tus dólares rinden más y las ciudades donde lo pensarás dos veces antes de ir al cine.

Cinco de las ciudades más caras

Zúrich, Suiza

Tokio, Japón

Cinco de las ciudades menos caras

Karachi, Paquistán

Mumbai, India

Oslo,
Noruega
Osaka-Kobe,
Japón
Ginebra,
Suiza
Yeda,
Arabia Saudita
Nueva Delhi,
India
Teherán,
Irán

Los microcréditos cuentan

En la década de 1970, Muhammad Yunus inventó el **microcrédito**. Se dio cuenta de que prestar incluso pequeñas cantidades de dinero puede ayudar a alguien que vive en la pobreza. Por ejemplo, una mujer podría pedir prestados $50 para comprar algunas gallinas. Esas gallinas pondrán huevos. Algunos de los huevos se podrán vender. Otros se podrán empollar para convertirse en más gallinas. Estas gallinas pronto crecerán y pondrán más huevos. Y así continúa el ciclo. Incluso un pequeño crédito puede hacer una gran diferencia. Los microcréditos se utilizan para crear riqueza en el mundo.

Muhammad Yunus se reúne con mujeres que utilizaron microcréditos para construir negocios exitosos.

Hacer que la riqueza crezca

Liliane Bettencourt, de Francia, trabajó como empresaria durante muchos años. Se estima que vale más de $20 mil millones. Heredó dinero de su familia adinerada. Pero trabajó duro durante toda su vida para ganar más dinero. Su padre fue el fundador de L'Oreal, una empresa de cosmética y belleza. Bettencourt todavía posee parte de esta gran empresa.

Empleos y salarios

A las personas que desean hacerse ricas, algunas carreras les ayudarán a alcanzar ese objetivo más rápido que otras. Los **salarios** más altos con frecuencia los ganan quienes tienen **títulos de posgrado**. Los médicos, los abogados y los ingenieros pueden hacer trabajos especializados y ganar más dinero. Quienes tienen nuevas ideas sobre qué desean las personas pueden hacerse ricos rápidamente. Los **empresarios** forman empresas que crean nuevos productos para brindarles a las personas lo que desean o necesitan.

Mucho dinero

Algunos de los empleos mejor pagados requieren tener un título de posgrado. Esto significa más años de estudio luego de los 4 años de universidad. Muchos cirujanos, psiquiatras, jueces, abogados y empresarios van a la universidad durante seis a ocho años, o incluso más, luego de terminar la secundaria. ¡Más años de estudio con frecuencia significan más dinero!

Un sector difícil

Hay muchas áreas donde se paga bien, ¿pero cuáles son los peores trabajos para ganar dinero? Muchos de ellos están en el sector de servicio de alimentos. Los cocineros de restaurantes de comida rápida ganan algunos de los salarios más bajos. Los camareros, los cantineros y quienes trabajan en las cafeterías pueden ganar un poco más, pero también son trabajos que pagan poco.

¡MÁS EN PROFUNDIDAD!

Ganar cada centavo

A más años de estudio, en general más dinero. ¿Pero cuánto dinero? Observa estos salarios típicos para ver cuánto puedes esperar ganar en alguno de estos trabajos.

LOS SALARIOS ANUALES MÁS BAJOS

encargado de una gasolinera
$23,000

niñera
$21,000

ama de llaves
$21,000

granjero
$20,000

lavaplatos
$19,000

SALARIOS ANUALES MÁS ALTOS

El gobierno de los Estados Unidos considera que una persona que gana menos de $11,170 vive en situación de pobreza.

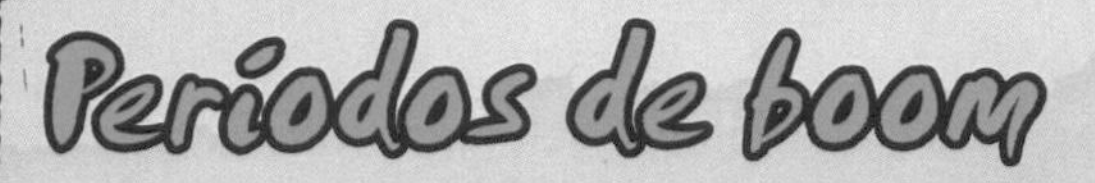

Períodos de boom

Tal vez hayas oído la expresión sobre estar en el lugar correcto en el momento correcto. Esto también se aplica a hacerse rico. La famosa época de la fiebre del oro es uno de los primeros ejemplos. Miles de hombres arriesgaron sus vidas para ir al oeste y encontrar oro. En el siglo XIX, muchísimos hombres se trasladaban a California. Estos hombres venían de todo el mundo con la esperanza de encontrar una sola cosa: ¡oro!

mineros en yacimientos de oro en California

Oro líquido

El boom del petróleo en Texas, también llamado Época Gusher, comenzó con un pozo petrolero en 1901. ¡El chorro que brotaba medía más de 100 pies y arrojaba más de 75,000 barriles de petróleo por día! Las perforaciones y las refinerías de petróleo se convirtieron en grandes negocios en Texas, y este trabajo cambió las vidas de muchas personas. Cada vez más, las personas abandonaban los campos de cultivo para trabajar en el sector petrolero y las refinerías.

equipo de perforación trabajando en un pozo petrolero

Un sector en ebullición

La invención y la masificación del uso de Internet es uno de los ***booms*** más recientes. Creó muchos nuevos millonarios. Cambió la forma en que las personas de todo el mundo usan las computadoras y la forma de compartir información. Algunas personas llaman a este boom la *burbuja punto-com.* Este nombre proviene de la gran cantidad de empresas que, en la década de 1990, crecieron gracias a Internet.

Muchas de las empresas asociadas con este boom se encontraban en Silicon Valley, California. Esta es una zona en el sur de San Francisco. Su nombre hace referencia al silicio que se encuentra en los materiales utilizados para construir computadoras. Lamentablemente, la burbuja explotó y muchas personas perdieron sus empleos.

Antes se ganaba dinero en los campos y las ciudades. Ahora puede ganarse por Internet.

Los inversores siempre buscan el próximo Silicon Valley. Bangalore, India, Berlín, Alemania y São Paulo, Brasil son lugares donde es más fácil que las personas se hagan millonarias.

Mark Zuckerberg

Algunas personas logran hacerse ricas siendo muy jóvenes. Mark Zuckerberg fundó el sitio de redes sociales Facebook. Y cambió la forma en que las personas se conectan y se comunican en Internet. Zuckerberg es uno de los multimillonarios más jóvenes del mundo. En 2010, donó $100 millones a escuelas de Newark, Nueva Jersey.

¡MÁS EN PROFUNDIDAD!

Leer un informe financiero

Ya sea que se hayan creado durante un período de boom o de recesión, los inversores desean saber cómo les va a las empresas antes de invertir su dinero. Un **informe financiero** le indica a quienes lo leen cómo le va a la empresa. Los inversores leen estos informes para determinar en qué empresas invertir. La información podría ser privada y solo compartirse con los inversores serios, o podría estar disponible para que cualquiera la lea en Internet. Aquí hay un detalle de lo que podría incluir el informe.

Símbolo	Nombre de la empresa	Ventas o volumen
AMZN	Amazon.com	5,090
Este es el símbolo de las acciones de la empresa, que representa el nombre de la empresa.	Es el nombre completo de la empresa.	Esta es la cantidad de acciones que se vendió más recientemente. Este número muestra los miles de acciones vendidas. Debes agregar tres ceros para obtener la cantidad de acciones vendidas.

¿Cuánto dinero ganarías si compraras una de éstas acciones al precio más bajo y la vendieras al precio más alto?

Alto	Bajo	Cambio
$246.71	$242.90	-1.69
El precio de una acción en su nivel más alto.	El precio más bajo de la acción el último día de operaciones.	Esto muestra la diferencia en los precios de cierre en los dos últimos días de operaciones. Un signo negativo representa un cambio negativo.

Para ganar mucho dinero, algunas personas tratan de descubrir cuál será el siguiente boom. ¿Qué idea o invento podría convertirse en la próxima gran novedad? Cuando desarrollas una idea que tiene éxito, puedes ganar mucho dinero.

Entonces, ¿en qué ideas trabaja la gente ahora para ganar millones en el futuro? ¡Depende de a quién le preguntes! Es difícil saber con exactitud qué sector o qué producto será el próximo boom. (De otro modo, ¡todos seríamos inventores y esperaríamos que el dinero entre a raudales!)

Un verdadero empresario

Los empresarios tratan de encontrar la mejor manera de ganar dinero. Podrían ganar dinero al crear un nuevo producto espectacular. O al descubrir la mejor manera de vender un producto existente. Los empresarios con frecuencia asumen riesgos pensando que con el tiempo dará sus frutos.

Comenzar desde temprano

Es raro que un niño tenga una gran riqueza. En general, esto ocurre cuando los bebés nacen en familias adineradas. Pero los niños también pueden ser empresarios. Si tienes una idea para un nuevo negocio, no te des por vencido. ¡Tal vez hayas encontrado la próxima gran novedad!

¡Katie Chabolla se convirtió en empresaria antes de comenzar la secundaria! Vende sus zapatos pintados por encargo en todo el mundo.

Verdadera riqueza

Las historias de pasaje de la pobreza a la riqueza son emocionantes. A las personas les gusta oír sobre sueños hechos realidad luego de trabajar duro. Aprender cómo ganar más y cómo aumentar tus ingresos siempre es una lección importante.

No hay dudas de que la idea de ser rico es excitante. Tener mucho dinero permite a las personas comprar cosas caras. También permite apoyar a organizaciones benéficas y causas especiales. Sin embargo, el dinero no siempre hace que la vida sea fácil o que una persona sea feliz. Tal vez una verdadera historia de pasaje de la pobreza a la riqueza sea cuando una persona construye una vida feliz.

“La felicidad no se encuentra en la mera posesión de dinero; radica en la alegría de los logros, en la emoción del esfuerzo creativo”.
— Franklin D. Roosevelt

Vivir el sueño

La mayoría de las personas asume que la palabra *rico* significa tener una gran cantidad de dinero. Este es un tipo de riqueza. Sin embargo, riqueza puede significar tener abundancia de algo, cualquier cosa. Ser rico puede ser tener mucho tiempo en tus manos. Incluso puede referirse a personas que tienen buena salud. Las personas ricas son afortunadas. Pero a veces tener mucho dinero puede hacer que la vida sea más estresante y difícil. El tiempo, la salud y las buenas relaciones son todas cosas que permiten a una persona tener una vida valiosa.

Tener vínculos estrechos con la familia y los amigos es muy importante. Estos lazos hacen que las personas sientan que tienen valor en sus vidas. ¡Y cuestan muy poco! Los buenos amigos y el amor de la familia pueden hacer que una persona se sienta la persona más rica del mundo.

¿Dinero = Felicidad?

Las personas con frecuencia se preguntan si las personas ricas son más felices que las que tienen menos dinero. El dicho "El dinero no hace la felicidad" se refiere a la idea de que la riqueza no necesariamente nos hace felices. La felicidad proviene de la familia, los amigos y las nuevas experiencias, no de los autos sofisticados o casas caras.

Glosario

acciones: fracciones de una empresa que una persona puede comprar

accionistas: personas que tienen acciones en una empresa o un negocio

asesor financiero: profesional que ayuda a otros a tomar decisiones y diseñar planes para su dinero

ayudas sociales: ayuda financiera y beneficios que da un organismo del gobierno a las personas sin trabajo o que necesitan asistencia financiera

bancarrota: situación jurídica que ocurre cuando una persona o un grupo no puede pagar lo que debe

bono: dinero que genera más dinero con el tiempo cuando se presta a las empresas

***booms*:** períodos en los que los negocios dan muchos beneficios

capital: dinero empleado en invertir para generar beneficios

económicamente: en relación con el dinero o la economía

empresarios: personas de negocios que ganan dinero asumiendo riesgos y probando ideas nuevas

filántropo: persona que dedica tiempo o dinero a quienes lo necesitan

fondos mutuos: inversiones que reúnen dinero de varias personas y lo reparten entre distintos tipos de inversiones

gastos: dinero gastado en crear productos o servicios

informe financiero: informe que describe el desempeño de las empresas

interés compuesto: interés que crece y depende del interés que ya se ha generado

interés: dinero que un banco o una organización paga a una persona por invertir en ellos

invertir: sistema que consiste en colocar dinero en una empresa, un banco o una organización con la esperanza de que valga más en el futuro

lotería: juego de azar con boletos en el que se dan premios a los nombres o números ganadores

materias primas: objetos que pueden cambiarse, comprarse o venderse, como los animales, las cosechas y otros bienes

mercado de valores: lugar donde se venden y compran las acciones de una empresa

microcrédito: préstamo pequeño a corto plazo con un tipo de interés bajo concedido a una nueva empresa o negocio por cuenta propia

objetivos financieros: lo que alguien espera conseguir con su dinero

periodista: escritor de un periódico o una revista, guionista de informativos de radio o televisión

plan de pensiones: dinero en un banco o fondo de inversión para usarlo cuando una persona deje de trabajar

pobreza: falta de dinero o posesiones

presupuesto: plan de ahorro y gasto de dinero

probabilidad: posibilidad de que algo ocurra

probabilidades: posibilidades de que algo ocurra (odds)

rentables: que producen beneficios económicos

retorno de la inversión (*ROI*): dinero o rentabilidad que recibe una persona tras invertir dinero

salario: pago total anual por el trabajo que realiza un empleado

títulos de posgrado: documentos que demuestran que las personas han terminado un posgrado

Índice

Bibliografía

Bateman, Katherine R. ***The Young Investor: Projects and Activities for Making Your Money Grow, 2nd edition.*** **Chicago Review Press, 2010.**

Aprende cómo hacer que tu dinero crezca mediante acciones, fondos mutuos y bonos de ahorro. Este libro presenta proyectos divertidos para que aprendas a arquear una cuenta corriente, leer informes financieros, entender las hipotecas y más.

Hansen, Mark Victor. ***The Richest Kids in America: How They Earn It, How They Spend It, How You Can Too.*** **Hansen House Publishing, 2009.**

Conoce a varios niños inteligentes y valientes que iniciaron sus propios negocios, invirtieron su propio dinero y ayudan a sus comunidades.

Harman, Hollis Page. ***Money Sense for Kids! 2nd edition.*** **Barron's Educational Series Incorporated, 2005.**

Este libro aborda todos los aspectos del dinero, desde cómo y dónde se fabrica hasta cómo se administra mejor, tanto por parte de las personas como de los bancos. Aprenderás a abrir tu propia cuenta bancaria, leer estados de cuenta e invertir tu dinero para que crezca.

Karlitz, Gail and Debbie Honig. ***Growing Money: A Complete Investing Guide for Kids.*** **Price Stern Sloan, 2010.**

Este libro te mostrará por qué es una buena idea tener parte de tu dinero en una cuenta de ahorro, el mercado de valores o fondos mutuos.

Más para explorar

EconEdLink

http://www.econedlink.org

Este sitio web sobre finanzas personales está diseñado tanto para ti como para tus docentes. Haz clic en el botón para *student* y busca actividades didácticas y juegos divertidos sobre la administración del dinero y las actividades bancarias.

Kids' Money

http://kidsmoney.org

Este sitio se dedica a ayudarte a entender tu dinero y verlo desde un enfoque positivo. Lee artículos fascinantes, realiza actividades y juega juegos divertidos para aprender formas de ganar y administrar tu propio dinero.

Practical Money Skills for Life Games

http://www.practicalmoneyskills.com/games

Juega estos videojuegos para obtener importantes habilidades vinculadas al dinero. El juego *Money Metropolis* te permite explorar un mundo multidimensional y tomar decisiones que afectan tu cuenta bancaria virtual. Otras aventuras financieras divertidas incluyen *Road Trip to Savings* y *Financial Football*.

Youth in Philanthropy

http://foundationcenter.org/yip

Conoce a niños como tú que ayudan a sus comunidades de diversas maneras. Aprende cómo puedes participar hoy.

Acerca de la autora

Christine Dugan se graduó en la Universidad de California, San Diego. Dictó clases de educación elemental durante varios años para luego adoptar un nuevo desafío en el campo de la educación. Trabajó como desarrolladora de productos, escritora, editora y asistente de ventas para varias editoriales educativas. En los últimos años, Christine realizó una maestría en educación y actualmente trabaja como autora y editora independiente. Organiza sus finanzas e inversiones desde el noroeste del Pacífico, donde vive con su esposo y sus dos hijas.